Pelando la cebolla

Manual de terapia Gestalt

BUD FEDER

Pelando la cebolla

Manual de terapia Gestalt

EDICIONES OBELISCO

Si este libro le ha interesado y desea que le mantengamos informado de nuestras publicaciones, escríbanos indicándonos qué temas son de su interés (Astrología, Autoayuda, Ciencias Ocultas, Artes Marciales, Naturismo, Espiritualidad, Tradición...) y gustosamente le complaceremos.

Puede consultar nuestro catálogo de libros en www.edicionesobelisco.com

Colección Psicología
PELANDO LA CEBOLLA
Bud Feder

1.ª edición: noviembre de 2011

Título original: *Peeling the Onion*
A Gestalt Therapy Manual for Clients

Traducción: *Dagny Romero*
Maquetación: *Marta Ribón*
Corrección: *Mª Jesús Rodríguez*
Diseño de cubierta: *Enrique Iborra*

© 1992, Bud Feder
(Reservados todos los derechos)
© 2011, Ediciones Obelisco, S. L.
(Reservados los derechos para la presente edición)

Edita: Ediciones Obelisco S. L.
Pere IV, 78 (Edif. Pedro IV) 3.ª, planta 5.ª puerta
08005 Barcelona - España / Tel. 93 309 85 25 - Fax 93 309 85 23 /
E-mail: info@edicionesobelisco.com

Paracas, 59 C1275AFA Buenos Aires - Argentina
Tel. (541-14) 305 06 33 - Fax: (541-14) 304 78 20

ISBN: 978-84-9777-790-2
Depósito Legal: B-34.117-2011

Printed in Spain

Impreso en España en los talleres gráficos de Romanyà/Valls S. A.
Verdaguer, 1 - 08786 Capellades (Barcelona)

Prólogo

¿Qué es la psicoterapia? ¿Qué debo hacer durante las sesiones y en qué consisten? ¿Qué debo esperar de ellas? ¿Qué es la terapia Gestalt? Todas estas preguntas son comunes en aquellas personas que están a punto de someterse a la terapia, o, como mínimo, se trata de las cuestiones que yo me hice.

Pelando la cebolla, en términos jurídicos y usando ejemplos de las experiencias personales del autor, así como de las de sus pacientes, proporciona una buena explicación de la terapia Gestalt y de lo que puede esperar una persona que se somete a ella por primera vez. Reducir los miedos a lo desconocido puede facilitar mucho las primeras fases de nuestra terapia, lo que hace que resulte más sencillo el camino a un «autoajustamiento» más temprano y mejor.

Como alguien que ya practica la terapia, sigo considerando *Pelando la cebolla* como un libro de referencia accesible y muy útil. A veces me imbuyo tanto en mi terapia que me confundo y entristezco un poco. Es beneficioso disponer de una fuente de referencia en la que poder comprobar las cosas para, por un lado, poder ver el «bosque tras los árboles» y, por otro, para que me ayude a asumir lo que está ocurriendo.

¡Este libro me habría resultado muy útil cuando empecé la terapia Gestalt!

Woody Weit

Introducción

Este libro se dirige fundamentalmente a las personas que por primera vez se someten a la terapia Gestalt, aunque hay que destacar que también puede resultar útil para aquellos pacientes que tengan más experiencia en esta terapia. Durante unos cuantos años, en mi trabajo como terapeuta de la Gestalt, estuve proporcionando a los nuevos pacientes una breve orientación escrita sobre esta terapia, y la debatía con ellos. En los últimos tiempos, he creído más conveniente ofrecerles algo más comprensible. A pesar de que el libro *Abriendo puertas: una introducción a la terapia Gestalt*[1] ha demostrado ser útil, no es tan sistemático y comprensible como me gustaría. Tampoco proporciona las bases para la experimentación personal, que es lo que este pequeño libro aspira a hacer. El libro *La terapia Gestalt*[2] es demasiado complejo para la mayoría de principiantes, de igual manera que gran parte de los textos disponibles, a pesar de la calidad que puedan tener de acuerdo con sus propósitos.[3]

---

1 De Daniel Rosenblatt.
2 De Perls, Hefferline y Goodman (hay una edición española: El Ferrol, 2002).
3 Nota: todos los libros mencionados en el texto tienen su referencia y su descripción en el Apéndice B.

La estructura básica de este libro es, en mayor o menor medida, la siguiente:

1. Una presentación general en términos técnicos de muchos de los conceptos y prácticas básicos de la terapia Gestalt.

2. Ejemplos personales de mi propia vida y experiencias con la terapia, que se puedan aplicar al punto n.º 1.

3. Ejercicios y experimentos para el lector, con un espacio destinado a tomar notas y para escribir las reacciones, las observaciones y otras cosas relacionadas.

Espero que este libro facilite la tarea de comprensión del lector de la terapia Gestalt y que le permita progresar en esta terapia. Soy también consciente de que el hecho de incluir algunas de mis experiencias personales (mejor que el material relacionado con mi práctica) satisface cierto deseo de expresión propia que ha permanecido en mi interior durante mucho tiempo.

Los comentarios que los lectores puedan hacer sobre el libro serán en gran medida apreciados.

BUD FEDER

Sobre *Pelando la cebolla*

Antes de embarcarme en un viaje en canoa en Minnesota, decidí que durante el camino releería y revisaría este pequeño libro. Para mi sorpresa, me gustó mucho el original y observé que, diez años después, no se necesitaban grandes cambios. O soy yo quien ha permanecido estático e inalterable o ya estábamos en el buen camino.

BUD FEDER, desde el lago Erie

1

Conciencia y centrarse

El objetivo inicial de la terapia Gestalt es promover la conciencia. Nuestra creencia es la siguiente: a medida que eres más consciente (de tu cuerpo, tu mente y tu entorno), más capaz eres de crear vívidas experiencias significativas, lo que mejora tu calidad de vida y, al mismo tiempo, te permite tomar una serie de decisiones satisfactorias.

Una de mis experiencias, que para mí se desmarca bastante, tuvo lugar en un grupo de terapia Gestalt del cual formaba parte (un grupo paritario, es decir, un grupo carente de líder; en este caso, todos éramos terapeutas experimentados, lo que suponía una gran ventaja).

Mi recuerdo es el siguiente: estoy estirado boca arriba en el suelo. Alan, un terapeuta bioenergético que trabaja mucho con el cuerpo, está masajeándome el pecho con movimientos circulares. Soy consciente de que siento tristeza y añoranza pero, ¿por qué? Empiezo a articular algo. Un sonido emerge de mi boca. Es «I». Me resisto a ello. Por fin, surge: «¡Ei! ¡Ei!». Soy consciente de que estoy diciendo «Ei», la abreviatura de Eileen, la mujer a la que amo. Por fin digo la frase entera: «Quiero a Ei».

Lloro. Me doy cuenta de mi deseo de estar con Eileen. Poco después decido separarme de mi esposa (tras cinco años de una indecisión tormentosa). Finalmente, obtengo la conciencia de lo que deseo y del significado de la incomodidad que hay en mí.

En la terapia Gestalt, el terapeuta trabaja continuamente para desarrollar la conciencia del paciente, tu conciencia. Él/ella te hace comentarios y te sugiere experimentos con los movimientos de tu cuerpo, con las modulaciones y el estilo de tu voz, con tus interacciones con él/ella. Aunque existen otros objetivos en esta terapia –la habilidad de apoyarse en uno mismo, tanto emocionalmente como de cualquier otra forma, la mejoría del contacto interpersonal, etcétera–, todos están subordinados al objetivo de la conciencia. Después de la conciencia, se encuentra la integración.

La conciencia total es, según creo, humanamente imposible, tal y como lo es cualquier cosa que se considere total. Y todos los pacientes, todos los seres humanos, tienen ya cierto grado de conciencia antes de iniciar la terapia. No podemos sobrevivir, obviamente, sin tener un poco de conciencia. Así pues, en este tipo de terapia, el objetivo se centra en la mejora de la conciencia, teniendo presente que ésta no está completa, o que carece de algo en cierta área de la vida, puesto que, en caso contrario, la persona no necesitaría acudir a terapia. Una buena forma de iniciar este proceso de mejora de la conciencia consiste en revisar las bases. Me gusta la formulación desarrollada por Gene Gendlin en su libro *Centrarse*. Dicho autor separa la conciencia en tres aspectos: sensaciones, sentimientos y pensamientos (u otros procesos mentales como fantasías, imágenes, recuerdos, etcétera). Afirma que la terapia avanza cuando la persona puede integrar sensaciones, sentimientos y procesos mentales. Es decir, es necesario ser consciente de tus sentimientos, identificar la sensación que está relacionada con ellos, y conectar a ambos (sensación y sentimiento) con un proceso mental.

Un ejemplo de no integración de estos aspectos tomado de mi propia vida es el que expondré a continuación acaecido en mi juventud. Era tarde, quizás la una de la madrugada. Sheila y yo acabábamos de ponernos de acuerdo en que lo mejor era separarnos para siempre, o, más bien, ella me informó de que todo había acabado entre nosotros. La llevé a casa y nos encontrábamos de pie cerca de mi automóvil. Ella se despidió y se dirigió al interior de la casa. De pronto, me di cuenta de que alguien estaba sollozando. Me quedé muy sorprendido. «¿Quién llora?», me pregunté con verdadera inquietud. De pronto, comencé a darme cuenta de que estaba estirado en el suelo. «¿Y por qué estoy así?» Un momento después advertí lo que estaba ocurriendo: era yo quien estaba llorando. Por increíble que parezca, por un instante había, como acertadamente decimos, perdido completamente el contacto con la realidad: ignoré mi propio llanto, mi propia tristeza, mi caída y mis pensamientos sobre el hecho de que Sheila decidiera acabar con la relación.

He aquí otro ejemplo, pero en este caso mucho más mundano, sobre la integración de las tres pautas básicas: sensación, sentimiento y pensamiento. Un día estaba sentado en el auditorio escuchando un concierto de un pequeño grupo de música vanguardista. De repente, advertí que tenía cierta presión en el pecho y que notaba agitación en los miembros (sensaciones). Reconocí que estaba tenso e insatisfecho (sentimientos o emociones), de manera que presté atención a lo que estaba ocurriendo en mi cabeza, y, de repente, apareció este pensamiento: «He escuchado todo lo que deseaba de esta música y ahora mismo me quiero marchar». Y lo hice. Imagino que te habrás dado cuenta de que si no hubiese sido suficientemente consciente de lo que me estaba ocurriendo, habría continuado allí, sentado donde estaba.[4]

En mi opinión, la técnica de centrarse es muy útil al principio de la terapia para promover o mejorar las habilidades de la conciencia. También me gusta usarla cuando un paciente está bloqueado (*véase* capítulo 9). Si lees el libro *Centrarse*, advertirás que existen ciertas diferencias entre las indicaciones de Gendlin y las mías; esto se debe a que he modificado ligeramente su enfoque, ya que esas pequeñas diferencias resultan de gran ayuda. De igual modo, quizás desees realizar más modificaciones que puedan resultar más adecuadas para tu persona (y tal vez quieras actuar de este modo con cualquiera de los ejercicios sugeridos en el manual –ciertamente no hay nada que no pueda modificarse en ninguno de ellos).

ALGUNOS EJERCICIOS RELACIONADOS CON LA CONCIENCIA

1. **Conexión general:** túmbate o siéntate en una posición cómoda, con los ojos cerrados. Primero, advierte tu respiración durante unos cuantos minutos. Descríbela. ¿Es profunda, superficial, rápida, lenta, fuerte, suave, etcétera?

---

4 Ahora, mientras estoy escribiendo, me doy cuenta de que los tres ejemplos que proceden de mi propia vida están relacionados con el tema de «marcharse». Resulta muy interesante.

A continuación, de nuevo en una posición cómoda y con los ojos cerrados, revisa tu cuerpo, de los pies a la cabeza o de la cabeza a los pies, comenzando cada frase con «Ahora soy consciente»; por ejemplo, «Ahora soy consciente de que los dedos de mis pies están enroscados (o relajados, o fríos, etcétera)». Este ejercicio resulta más eficaz si primero lo anota un amigo en un papel o lo grabas mientras dices la frase en voz alta. Con independencia de si comienzas por la parte superior o la inferior, te sugiero que te abras camino sistemáticamente hacia abajo (o hacia arriba) del cuerpo, por ejemplo, la parte superior de la cabeza, la frente, los ojos, la nariz, etcétera. No te olvides, cuando llegues a esa área, de incluir tu conciencia acerca de tu voz (aunque trabajaremos más el tema de la voz en los capítulos 2 y 3). Antes de seguir leyendo, intenta elaborar todos los principios y conceptos que se han comentado.

2. **Centrarse:** en el trabajo de Gendlin se propone realizar los tres pasos hasta que tenga lugar un cambio. Se trata de una buena manera de trabajar, aunque también puedes comenzar a partir del paso 3 y proseguir con tu proceso mental tanto sólo como con un terapeuta amateur (un amigo) o profesional. Cuando tengo un nuevo paciente, le recomiendo un trabajo diario (sólo durante unos minutos) con esta técnica como una buena manera de promover la conciencia –y la terapia–. Pruébalo tú ahora.

Paso 1 (sensación física): graba la sensación física más destacada de la que seas consciente en estos momentos.

Paso 2 (sensación o emoción): etiqueta la sensación con algo relacionado con los sentimientos o la emoción.

Paso 3 (deja que emerja esta sensación y sentimiento): ya sea un pensamiento, un recuerdo, una imagen visual, una fantasía, etcétera. Repite los tres pasos hasta que wsientas satisfacción o cierre.

2

Lenguaje verbal y no verbal

«La curación por la palabra» es algo que a menudo se aplica al psicoanálisis y a la psicoterapia en general. La terapia Gestalt, del mismo modo, se apoya en gran medida en el uso del lenguaje y en el desarrollo de la conciencia al prestar atención al lenguaje. Como indica el título de este capítulo, existen dos categorías del lenguaje en las que nos tenemos que centrar. El término lenguaje «verbal» hace referencia a los otros aspectos del proceso del habla y a la producción de sonido: tono, cualidad y volumen de voz; sonidos directamente relacionados con el habla, como carraspear, decir «eh», tartamudear, etcétera; y sonidos –distintos de las palabras– que tienen el objetivo de comunicar: reír, gruñir, silbar, suspirar, «uf», etcétera. Sin embargo, en este capítulo no se tratarán los sonidos que de manera involuntaria acompañan a los sentimientos, tal y como gritar y llorar. Tampoco nos ocuparemos de la comunicación involuntaria expresada a través de la posición del cuerpo, generalmente conocida como «lenguaje corporal» (tema que se tratará en el siguiente capítulo).

Lenguaje verbal. Durante el proceso terapéutico es bastante posible que tu terapia te señale las formas características a través de las cuales te expresas. El número es interminable, ya que todo el mundo tiene su propio estilo. Ilustraremos aquí sólo unos cuantos tipos acerca del uso del lenguaje a los que a menudo se presta atención: cubrirse, repudiar, incorporar. La gente que usa el lenguaje de una o más de estas formas normalmente vive sus vidas de una forma similar.

Considera, por ejemplo, el hecho de **cubrirse**. Los que se cubren son personas que expresan las opiniones de forma muy cautelosa. Las expresiones preferidas son «supongo», «creo», «tal vez», «posiblemente», etcétera. Son buenas palabras y buenas expresiones cuando se usan de forma excesiva o inapropiada.

Repudiar hace referencia a usar el lenguaje para alejarnos de los sentimientos o para expresar deseo de una forma muy tentadora. Relacionadas con los sentimientos, oímos frases como «La ira es causada por…», «Él me hizo sentirme mal cuando…», y «Hubo tristeza cuando…». Ninguna de estas frases son expresiones directas de los sentimientos, como «Estoy enfadado porque…», «Me sentí mal cuando él…», o «Me sentí triste cuando él…».

Estoy familiarizado con los deseos de incorporar. Aunque ahora ya no me resulta tan común, de vez en cuando me doy cuenta de que digo cosas como «Supongo que ahora me voy a dar otra ducha» o «Podría comer esa manzana si nadie más la quiere», o «Creo que voy a dar un paseo». Advierte la distancia que pongo entre mí mismo y mis deseos. Más directa sería una frase como «Voy a tomar una ducha ahora», o «Quiero esa manzana, ¿alguien más la quiere?», o «Me voy a dar un paseo». Me he dado cuenta de que algunas personas también utilizan las preguntas de esta forma, por ejemplo, «¿Alguien quiere esa manzana?». Advierte cómo esta pregunta omite la oración «La quiero».

Incorporar es un término técnico de la terapia Gestalt que se refiere a aceptar conceptos sin examinarlos realmente. Fritz Perls presenta este hecho en su libro *Ego, Hunger and Aggression* usando la metáfora del acto de comer: habla sobre «tragarse las cosas sin masticarlas». Así, las cosas no se digieren. En el lenguaje, este concepto se expresa más comúnmente a través de palabras como «tener que» y «debería», que a menudo se aplican a los demás. Por ejemplo, «Tendrías que estar de pie mientras se oye el himno nacional»; «Debería dejarle a mi vecino mi cortacésped»; «Los padres deberían pagar la educación de sus hijos»; «El sitio de una esposa está (debería estar) en casa». Advierte cómo cada una de estas oraciones puede afectar a alguien, a veces al que las dice. Si investigáramos más, nos daríamos cuenta de que la base de este *debería* normalmente se convierte en un vago «alguien dice no». Cuando se vive a costa de «debería» se vive mal.

Uno de mis «debería» favoritos durante muchos años fue «un hombre debería pagarle todo a una mujer», la cena, el cine, etcétera. Durante los años que transcurrieron entre mi separación y mi relación monógama me di cuenta de que el «debería» llevaba consigo muchas cosas negativas. Una vez, una mujer me sugirió que cenáramos juntos. Después de la cena, cuando le pedí la mitad de la cuenta, se enfadó y nos peleamos. Otra mujer se negó a tener una segunda cita conmigo cuando le dije que no podía pagar su cuenta. Por mi lado, advertí cómo me sentía más seguro y mejor cuando pagaba, y me di cuenta de que tras el hecho de pagar subyacía una motivación sexual. Observa que oculta el «debería»; quizás te sorprenda el gran número de cosas negativas que se encuentran tras él.

Lenguaje no verbal. Nos comunicamos con palabras, así como con nuestras voces y otros sonidos. Generalmente, estamos tan acostumbrados a nuestra voz que no la cuestionamos y, si lo hacemos –o lo hace otra persona–, nos solemos sentir muy amenazados. La gente utiliza todo tipo de voces y las modifica en diferentes situaciones: alta, suave, quejido, firme, pequeña, grande, que farfulla, clara, etcétera.

«Deja de farfullar, por Dios. Habla claramente para que te podamos oír» es una frase que mi madre me ha dicho mil veces.

«No estoy farfullando», le respondía yo precisamente haciendo lo que ella decía y yo negaba.

Años más tarde, en una terapia de grupo, mi terapeuta me mostró una silla vacía y me dijo: «Díselo a tu padre». Lo hice. Un momento después, me interrumpió: «¿Te das cuenta de que estás farfullando?». Se hizo la luz.

ALGUNOS EJERCICIOS RELACIONADOS CON EL LENGUAJE

1. **Diseños verbales:** para el día venidero, presta un poco de atención al modo en que usas las palabras:

   a. ¿Acaso tienes alguna expresión predilecta, como «y sabes a qué me refiero», «a decir verdad», «en otras palabras», etcétera? Si es así, ¿cuál es tu propósito cuando las usas?

b. ¿Tú te cubres? ¿Repudias? Si es así, ¿cómo?

c. ¿Te das cuenta de alguna incorporación? ¿No hablas más que de tonterías, como «debería» y «tendría que»? Si es así, anótalo.

d. ¿Haces preguntas para ocultar afirmaciones? Si es así, anótalo.

e. ¿Hay alguna otra cosa interesante de la que te hayas dado cuenta?

ALGUNOS EJERCICIOS NO VERBALES

a. Fíjate en tu voz durante un día. ¿Hablas con un tono característico? ¿Con qué volumen? ¿De qué manera?

b. Pronuncia esta frase en voz alta a cuatro o cinco personas significativas de tu vida (es decir, imagínate que cada uno de ellos está sentado frente a ti, uno cada vez):

«Me voy a comprar un automóvil nuevo» (o un equipo de música, una pintura, que vas a hacer un viaje, lo que realmente quieras).

¿Te das cuenta de alguna diferencia en tu forma de hablar —el tono o el volumen, o cambias la frase con cada persona, añadiendo términos, riendo, etcétera?

3

El cuerpo
y el ejercicio físico

En la terapia Gestalt, prestamos mucha atención al cuerpo. Este capítulo analiza brevemente las numerosas formas en las que la atención que se presta al cuerpo puede resultar de ayuda para la experiencia terapéutica (y a menudo incluso en otras).

El lenguaje corporal: ahora, siguiendo el último capítulo, en el que se trató de la comunicación verbal y no verbal, estudiemos la comunicación a través del cuerpo: expresiones faciales, movimientos de las manos, postura y cualquier otro movimiento o posición de todas o de cualquier parte del cuerpo. (Este aspecto de la comunicación se ha tratado mucho últimamente, de manera que resulta bastante fácil conseguir algunos libros sobre este tema.)

En primer lugar, distingamos entre el lenguaje corporal pasajero y el lenguaje corporal crónico. Con pasajero me refiero a la comunicación momentánea y cambiante, como ocurre con una sonrisa. Con crónico, se hace referencia a lo que está fijado o congelado. E incluso aquí normalmente existe la posibilidad de lo cambiante, por lo que la expresión facial «congelada» sólo está relativamente congelada.

Durante mis días oscuros en la década de 1970, me di cuenta –y existen fotografías de esos años que lo confirman– de que tenía tres arrugas verticales, más o menos largas, justo por encima de la nariz. Ahora que he retomado el camino correcto en mi vida (en la medida de lo posible), y a pesar de que esas arrugas siguen existiendo, son mucho menos profundas. Aparecen cuando arrugo la frente y tenso la expresión, que es cuando muestro una mirada de preocupación. En aquella época estaba muy preocupado y mi cara, especialmente en aquella área de mi frente, lo mostraba.

La mayoría de las caras revelan una actitud crónica frente a la vida a través de un tipo de expresión fija, grabada en el rostro a causa del uso continuo. Y tal vez ocurra lo mismo en otras partes del cuerpo. Recuerda al humilde Uriah Heep de David Copperfield y su expresión servil, su espalda redondeada y sus manos ejecutando constantemente un movimiento de lavado.

La comunicación pasajera, por otro lado, hace referencia a lo que está ocurriendo en este instante. Y ahora sigo frunciendo el ceño de forma inquieta, por supuesto, de vez en cuando; cuando lo hago es más bien mi propia manera de comunicar algo que está ocurriendo en ese preciso momento en vez de una actitud constante. Durante la terapia, tu terapeuta quizás te sugiera que prestes atención a lo que comunicas con tu cuerpo, especialmente cuando se contradice con lo que dices. Un ejemplo común es la persona que habla enojada y sonriendo; o que conversa de forma amistosa, con el puño cerrado; o que afirma que él/ella está tranquilo/a, mientras que tamborilea con los dedos rápidamente.

En segundo lugar, distingamos entre el lenguaje corporal voluntariamente consciente y el lenguaje corporal involuntariamente no consciente. En los ejemplos previamente mencionados, el paciente quizás sea consciente de que está sonriendo (puños cerrados, tamborileo de los dedos), aunque también puede no serlo. Si es consciente, esto es una implicación terapéutica («¿Por qué sonríes a propósito cuando estás enfadado conmigo?»). Si no es consciente, se repite lo mismo («Así que estás enfadado; analicemos, pues, por qué sonríes de manera inconsciente al mismo tiempo»).

Así pues, en la terapia, observaremos cualquier condición del lenguaje corporal crónico o pasajero, consciente o inconsciente, coherente o contradictorio, a través de la expresión, los movimientos o las posiciones corporales.

ALGUNOS EJERCICIOS DE LENGUAJE CORPORAL

1. **Mírate en el espejo.** ¿Qué es lo que expresas de manera crónica? (fíjate sobre todo en los ojos, la boca y la frente).

2. **Presta atención a tu cuerpo.** ¿Adviertes alguna cosa?

3. **Fíjate en los demás.** No juegues con sus mentes, sino que, en silencio, observa si puedes encontrar algunas expresiones corporales interesantes.

Un ejemplo de comunicación fijada:

Un ejemplo de comunicación pasajera:

Un ejemplo de comunicación consciente:

Un ejemplo de comunicación inconsciente:

Un ejemplo de comunicación coherente:

Un ejemplo de comunicación incoherente:

Respirar: la respiración es nuestro primer y continuo soporte vital. Cuando están estresadas, algunas personas no respiran de manera adecuada, sino que se limitan a practicar una respiración superficial o bien la retienen temporalmente. Algunos individuos, como yo mismo, la reducen con una tensión muscular crónica en el torso.

La primera señal de que estaba viviendo de una manera no adecuada se hizo patente a través de la conciencia de mi respiración. O más bien a través de la conciencia de mi no respiración. Cada vez que intentaba respirar profundamente, me daba cuenta de que no sucedía nada nuevo, excepto un dolor sordo en mi pecho. Resultaba especialmente doloroso durante el orgasmo. Durante un tiempo temí padecer alguna enfermedad –cáncer de pulmón, tuberculosis, o cualquier otra cosa imaginable en aquel momento (por supuesto, yo me creía muy inteligente, por lo que no me tomé la molestia de consultar a un médico). Tras resistirme a visitar a un médico durante unos cuantos años, comencé la terapia. Al principio no advertí ningún cambio. Pero poco a poco el dolor fue cesando. Pronto empecé a tomar mi dolor-respiración como un indicador de mi salud emocional. Al mismo tiempo que mejoraba, mi respiración resultaba más fácil. Aún hoy, observo mi respiración. Cuando siento aquel dolor sordo durante una inspiración profunda, tomo conciencia de lo que me está ocurriendo, y especialmente lo que no va bien en mi vida. Cuando tengo el valor de corregirlo, mi respiración fluye de nuevo.

Durante la terapia, y tu vida en general, presta atención a tu respiración. Aprenderás mucho.

EJERCICIOS GENERALES DE RESPIRACIÓN

1. Siéntate cómodamente, con la espalda recta pero no rígida, con los ojos cerrados. Fíjate en la respiración y en los sentimientos que van asociados a ella.

2. Durante tu rutina diaria, ¿de qué te das cuenta con tu respiración que resulte interesante?

Además de la observación general y la conciencia de la respiración, existen algunos usos especiales de la respiración profunda que podrían ser de ayuda en la terapia. La respiración profunda ayuda en la búsqueda de un sentimiento profundo. Varias técnicas, por ejemplo el renacimiento, la inducción hipnótica, etcétera, usan la respiración profunda regular en una posición supina para provocar una conciencia más profunda. Quizás sea mejor hacer este ejercicio con un guía o con tu terapeuta.

Terapias de trabajo corporal bioenergéticas: usan técnicas desarrolladas por Wilhelm Reich, Alexander Lowen y otros para promover la conciencia y la expresión emocional. Existen demasiados métodos específicos como para enumerarlos aquí. Un ejemplo es el incidente mencionado justo al principio del capítulo 1.

EJERCICIO DE TRABAJO CORPORAL

1. Busca la tensión y, si es posible, palpa[5] tú mismo el lugar o haz que un amigo lo haga por ti —observa lo que emerge de tu interior.

2. Ponte de pie, flexiona las rodillas, arquea la espalda, y échate hacia delante con los dedos gordos del pie y con los talones levantados del suelo. Permanece así tanto tiempo como puedas y observa lo que emerge de tu interior —advierte si la energía fluye o si está bloqueada.

Movimiento: hay dos tipos de movimientos corporales en los que se centran los terapeutas —los que hacemos ha-

---

5 Toca suave pero firmemente con las yemas de tus dedos.

bitualmente (es decir, la forma en la que nos solemos mover) y aquellos que surgen a través de la experimentación y el descubrimiento. De hecho, algunos terapeutas trabajan, en principio, con el movimiento, motivo por el cual, de forma apropiada, se conocen como terapeutas del movimiento.

Recuerdo el día que entré en la gran sala de conferencias de un hotel de San Francisco en mi primera experiencia de terapia del movimiento con Del Tyler. Era el primero en la sala aparte de ella y sonaba una especie de música africana. Mi tensión inicial cambió por una gran animación cuando, durante dos días, el grupo exploró el movimiento: en el mismo lugar, en el espacio, solos, juntos. Para mí, algo destacable fue cuando ella tocó el *Bolero de Ravel* y yo coreografié mi propio baile en consonancia con la música. Nunca pensé que podía hacer ninguna de las dos cosas: coreografiar o bailar correctamente.

Tu terapeuta te puede pedir que des vueltas y que observes lo que ves. ¿Cómo caminas, te encuentras, te tensas? ¿Cuál es el mensaje de tu movimiento? Asimismo, en la práctica de tu trabajo, el movimiento te puede ayudar mucho. A menudo, cuando un paciente utiliza el lenguaje-movimiento, se le pide que represente el concepto. Por ejemplo, si dice: «Estoy bloqueado, no hago más que caminar en círculos», un terapeuta le puede contestar: «De acuerdo, levántate, camina en círculos, di "así es como estoy viviendo mi vida" y observa qué ocurre».

EJERCICIO DE MOVIMIENTO

1. Haz lo mismo que se ha comentado: camina y advierte lo que ocurre –tu estilo, tu ritmo, tu energía, las intervenciones y maniobras de tu cuerpo.

2. Describe tu vida actual con el lenguaje-movimiento, como el ejemplo ya mencionado («en círculos») y realiza una coreografía para ver qué ocurre.

Contacto corporal: érase una vez unos terapeutas (analistas freudianos) que desaprobaron enérgicamente el contacto físico en la terapia, incluso el hecho de estrecharse la mano. Algunos lo siguen haciendo. La mayoría de los terapeutas de la Gestalt se muestran más relajados a este respecto, aunque, con esperanza, tienen una actitud responsable sobre ese contacto.

Durante mi terapia con Al, cuando estaba muy deprimido, tenso y solitario, esperaba poder abrazarlo al final de una sesión. Una vez, mientras estaba llorando, giró su silla hacia mí y me tomó la mano.

Laura Pearls dice: «Ofrece tanto apoyo como sea necesario y tan poco como sea posible». Algunas veces es necesario el apoyo bajo la forma de contacto corporal. Obviamente, mucha gente en nuestra cultura tiene complejos acerca del contacto corporal. La terapia es un buen lugar para experimentar. En los grupos de terapia Gestalt, a menudo se produce contacto corporal para el soporte y el apoyo. Tocar, inclinarse, masajear, etcétera, son posibilidades que hay que explorar.

Ejercicio físico: algunos terapeutas ayudan a sus clientes a desarrollar un estilo de vida más saludable a través de actividades físicas como caminar, correr, el hatha yoga, el taichí, el deporte, etcétera. Dependiendo del terapeuta, todas estas formas de ejercicio pueden o no mencionarse. En mi propia práctica animo a los pacientes a cuidar de sus cuerpos lo mismo que se cuidan ellos. Un terapeuta que hace esto de una forma consciente a menudo habla de una aproximación «holística» a la salud.[6] Tal terapeuta alentará y ayudará al cliente a prestar atención al conjunto de su persona a través de una alimentación adecuada, una gestión del estrés, del ejercicio, de las terapias naturales, etcétera. Algunas veces la interacción con otros aspectos de la vida es fascinante. Recientemente traté a una persona cuya frase preferida era: «La vida debería ser fácil». Sin que ello me sorprendiera, supe que había sido alcohólico, y, a pesar de que se había recuperado de aquella etapa de su vida, su existencia seguía sin transcurrir por los cauces correctos: tenía deudas, su casa era un desastre, sufría sobrepeso, etcétera. Le sugerí que experimentase con levantarse a las seis de la mañana, unos 45 minutos antes de lo normal, y que practicase hatha yoga. Se sintió con más energía y empezó a ordenar su vida. Recientemente, en mi oficina, rompió sus tarjetas de crédito.

Durante una sesión con mi profesor de yoga, me hizo sentarme en el suelo y tocarme los dedos gordos. Entonces se estiró sobre mi espalda, aplastándome hacia abajo de forma que mi barbilla quedaba sobre la rodilla. El dolor era tremendo. «Ríndete ante el dolor –dijo–, "ríndete"». Lo hice y aprendí mucho.

---

6 Este concepto se tratará en el capítulo 9.

Sugerencia: analiza cómo tratas a tu cuerpo (alimentación, uso del alcohol, tabaco, cafeína, ejercicio, etcétera) y especula sobre las relaciones con tu vida emocional. ¿Son similares, tanto física como emocionalmente? ¿Difieren? ¿En qué?

4

Tú y tu terapeuta

Cuando pienso en Al, aparece en mi mente una serie de imágenes: dándome una bofetada en la cara cariñosamente (sólo una vez); abrazándome y yo abrazándole a él; él viniendo hacia mí con su silla de ruedas y tomándome de la mano y yo llorando; enseñándome sus cuadros durante nuestra última sesión; en una comida durante una reunión en Boston en una conferencia (bastante aburrida por cierto).

Muchas de las cosas importantes en la terapia acontecen entre tú y tu terapeuta. Probablemente no le/la conocías antes de empezar, pero él/ella puede llegar a ser una persona muy importante para ti. A veces vuestras interacciones pueden representar una ocasión para ser diferente (afectuoso, hostil, lo que sea). Pritz Perls llamó a la terapia «la emergencia segura»: un lugar seguro para probar cosas peligrosas.

Otro aspecto de la relación terapeuta-paciente se refiere al apoyo. Un objetivo más profundo de la terapia Gestalt es desarrollar el apoyo vital, pero quizás sea preciso cierto apoyo durante la marcha (una vez más, veo a Al avanzado hacia mí y tomándome la mano).

Con frecuencia una persona revivirá antiguos diseños padre-hijo con su terapeuta. La experiencia podría ser muy intensa y, a veces, muy difícil y dolorosa; para algunas personas estas experiencias (a veces breves, y en ocasiones durante meses o años) pueden ser el aspecto más importante de su terapia. Sin embargo, esto varía en gran medida y para ciertos pacientes esta clase de experiencia no llega a desarrollarse nunca.

EJERCICIO

1. ¿Qué piensas y qué sentimientos tienes acerca de tu terapeuta?

2. ¿Hay algo que hayas estado evitando con tu terapeuta? ¿Cualquier clase de comunicación o expresión?

5

Sueños y fantasías

En este capítulo hablaremos e ilustraremos el enfoque de la terapia Gestalt acerca de los sueños (sueños diurnos o nocturnos), así como sobre el uso de la fantasía y de las imágenes en esta terapia. Algunas personas me mencionan espontáneamente sus sueños; otras, en cambio, no lo hacen. A veces, durante meses, dejaba de hacer la pregunta: «¿Has tenido sueños interesantes últimamente?». Por lo general, si existe una pausa durante la terapia, pregunto y, a menudo, el paciente está teniendo sueños importantes, aunque su intención no era mencionarlos. Así que, si estás soñando, no confíes en que tu terapeuta te pregunte por tus sueños; tú también puedes hablar de ellos.

Yo mismo he tenido frecuentes y muy importantes sueños sobre deportes. En mi terapia con Al, en mi sueño más memorable, yo era jugador de baloncesto y mi padre era el entrenador. Al no trabajaba con los sueños relacionados con la terapia Gestalt, pero como yo sabía cómo hacerlo lo hice para mí mismo en su presencia. Descubrí mucho sobre mi actitud crítica hacia mí mismo, muy similar a la actitud que tenía mi padre hacia mí cuando yo era un niño.

Sigmund Freud, el fundador del psicoanálisis, desarrolló un gran trabajo pionero con los sueños. Su propuesta era analizar el sueño para hallar símbolos y significados en los caracteres, eventos y objetos del sueño. En el enfoque de Perls o de la Gestalt, comenzamos con la premisa de que cada sueño es una declaración existencial, es decir, una declaración sobre tu existencia. Por ejemplo, descubrí que mi sueño sobre baloncesto (que he mencionado antes) significaba: «Bud, no lo haces suficientemente bien. Ésta es tu existencia» o, como yo mismo diría: «Nunca estoy satisfecho con cuán bien lo hago. Ésta es mi existencia».

Otra diferencia, de nuevo introducida por Fritz Perls, entre el trabajo freudiano acerca de los sueños y el de la Gestalt, es que en esta última terapia pedimos al paciente que hable del sueño en presente, como si estuviese ocurriendo ahora. Por ejemplo: «Estoy jugando a baloncesto; mi padre es el entrenador» etcétera, y no en pasado: «Soñé que estaba jugando a baloncesto y mi padre era el entrenador», etcétera. Esta forma de hablar del sueño en presente hace que la experiencia resulte más vívida.

También asumimos que cada persona, evento o aspecto de un sueño refleja (o proyecta) una parte del que sueña. La función del sueño es hacernos tomar conciencia de todas estas partes y, por último, integrarlas. Así pues, en mi sueño de baloncesto, Bud, el jugador, es mi yo que se está esforzando; papá, el entrenador, mi yo crítico; el juego es mi participación actual, etcétera. Al explorar todas estas piezas, nos preparamos para integrarlas o para gestionar algún acuerdo entre ellas o descartar una de ellas —o lo que sea la solución creativa del momento.

EJERCICIO

1. ¿Has tenido algún sueño últimamente? Si es así, anota el primero que aparezca en tu mente.

2. Ahora, ¿de qué partes consta? ¿Cómo representan distintas partes de tu persona a menudo en conflicto?

Para integrar mejor estas partes consulta a tu terapeuta.

3. ¿Hay algún sueño recurrente en tu vida? No tiene por qué ser necesariamente uno que hayas tenido recientemente —también puede tratarse de uno que hayas tenido varias veces a lo largo de tu vida.

Si existe, trabaja con él de forma similar a como trabajaste con el primer sueño de este ejercicio.

4. ¿Cuál es la declaración existencial del sueño?

Trabajar con el hecho de soñar despierto (o, como suelen llamarse, con las fantasías) es lo mismo que trabajar con los sueños nocturnos, es decir, usando el enfoque de la Gestalt, tenemos los mismos tres aspectos:

a. visualiza la experiencia, la ensoñación, como un mensaje existencial;
b. nárralo en presente para potenciar la sensación de vivacidad e inmediatez;
c. analiza las partes como proyecciones de partes de tu persona; entonces trabaja con la integración.

A veces, durante una sesión de terapia, le digo al paciente: «Ten una ensoñación aquí y ahora». Generalmente le aconsejo que cierre los ojos, a veces cuando permanece tumbado, para facilitar el proceso. Esta forma de fantasear (semejante a una película en tu mente) puede referirse a un recuerdo o tratarse de una ensoñación completamente nueva. He aquí un ejemplo de una fantasía sobre un recuerdo de un paciente reciente, al cual llamaremos Bill:

Bill comenzó la terapia tras lidiar durante un año con ataques de terror a salir de su casa, en la que vivía solo, tras una separación matrimonial. En una de las primeras sesiones recordó que le habían intervenido quirúrgicamente a los tres años. Le pedí que se tumbase, que cerrase los ojos y que lo visualizase. El resultado fue más o menos el siguiente: «Tengo tres años, estoy en el hospital. Está oscuro y tengo miedo. Estoy solo, nadie me presta atención. Mis padres me han abandonado. Tengo miedo de que no vuelvan nunca más».

Al recordar la experiencia de una forma visual, Bill avanzó mucho emocionalmente. Por primera vez puedo revivir experiencias durante nuestras sesiones y establecer algunas conexiones entre su actual terror y su infancia.

Otro tipo de trabajo de fantasía acaece cuando pido a la persona que se imagine algún evento, normalmente alguno que a él/ella le preocupe o le confunda; asimismo, puedo solicitarle que deje que se desarrolle una imagen tras una imagen corporal, de un modo similar a centrarse (capítulo 1). Por ejemplo, Astrid se muestra muy tensa y nerviosa con el tema de las relaciones con los hombres. Ha conocido a un chico. Le pido que se imagine con Ted dentro de seis meses. El resultado es el siguiente:

«Nos veo caminando por la calle. No deja de acercarse a mi lado de la acera, obligándome a apartarme del pavimento y a pisar la alcantarilla. Estoy muy enfadada, pero sonrío y bromeo».

Entonces analizamos las imágenes, y su forma de actuar frente al conflicto puede debatirse y trabajarse.

Otra variación es la imagen guiada, en la que el terapeuta ordena a la persona que cierre los ojos para que el primero pueda hablar con ella y guiarla a través de una escena o fantasía. Este procedimiento se emplea para provocar reacciones, o, a veces, para construir ciertas actitudes. No abuses de este método.

EJERCICIO

1. Elige un área que para ti resulte difícil (sexo, ira, una relación particular, etcétera). Túmbate, cierra los ojos y produce una ensoñación que esté relacionada con ella. Cuando hayas acabado, anótala. Ahora, trabaja con ella.

6

Conflictos y opuestos

Una de las cosas en las que Fritz Perls ponía más énfasis (aunque no se trata de un descubrimiento suyo, ya que, como la mayoría de los conceptos psicológicos, es muy conocido) era la integración de los conflictos y opuestos en cada uno de nosotros. Carl Jung fue uno de los primeros terapeutas que trataron esta característica de la gente, y su par de opuestos (por ejemplo, introversión y extraversión) es bastante familiar. En su trabajo con la Gestalt, Perls desarrolló formas eficaces de: primero, promover la conciencia de nuestros conflictos u opuestos (a la que dio el nombre de polaridades) y que éstos encuentren formas de conseguir la integración o el equilibrio o la resolución.

Hace unos ocho años, tenía un vídeo de mí mismo trabajando con un grupo de profesionales donde mostraba la terapia Gestalt. Me di cuenta de que tenía una especie de cualidades suaves, femeninas. Al mismo tiempo, esto no me gustaba demasiado y nunca se lo comenté a nadie, por lo que dejé de pensar sobre el asunto. Después de todo, era bastante duro, jugaba al tenis y hacía el tonto cuando se me presentaba la oportunidad. Unos tres años más tarde, en San Francisco, me apunté al taller de dos días que organizaba Del Tyler, ya mencionado (capítulo 3). Nos pidió que analizásemos nuestros opuestos sexuales, es decir, que los hombres explorasen su feminidad y que las mujeres hicieran lo mismo con su masculinidad. Aunque me sentí bastante avergonzado al principio, luego me centré, andaba meneando las caderas, llevaba un bolso que alguien me había regalado poco antes, olía las flores, etcétera. A través de la experiencia y de nuestro consiguiente intercambio de grupo me empecé a sentir más cómodo con la parte más tierna de mí, y desde entonces me he dado cuenta de que no es «femenina», sino que soy yo mismo.

De todas formas, ésta es la clase de trabajo en el que invertimos mucho tiempo en la terapia Gestalt –analizando los conflictos y los opuestos–. Perls usó el término «mandamás» y «desvalido» para hacer referencia a las dos partes en nosotros que lidian por los «debería»: «Deberías perder peso»; «Sí, pero el helado me gusta de verdad»; «En realidad, deberías visitar a tu padre»; «Sí, pero quiero ir a la playa», etcétera. Un recurso que utilizaba Perls era el diálogo en el que el paciente interpreta a ambas partes, expresando primero todo lo que hay en su mente y luego buscando una solución. Usar dos sillas, una para cada parte, puede ser de gran ayuda.

EJERCICIO

Elige un asunto duradero al que te enfrentes como mandamás-desvalido. ¿De qué se trata?

Ahora toma ambos bandos y haz que conversen el uno con el otro. Por ejemplo, primero el mandamás dice: «Deberías _____». El desvalido contesta: «_____

_____». Procede de este modo una y otra vez. Cuando por fin hayan expresado todo lo que necesitaban decirse, permite que uno de ellos proponga un acuerdo o negociación, e intenta que se alcance una solución (no es necesario que se sitúe justo en el medio).

Otra clase de separación es menos obvia para la persona. Esto ocurre cuando ésta está en contacto con un aspecto de sí mismo/a pero no es consciente de lo opuesto. A menudo bloqueamos nuestra conciencia del opuesto inaceptable, pero somos muy irritables y sensibles a ello en los demás.

Estoy en un grupo paritario –un grupo de terapeutas que se reúne para trabajar, así como para debatir sobre cuestiones profesionales–. Allí hay un hombre, Max, que no me resulta nada simpático. Lo considero controlador, siempre quiere tener razón, es mandón, y siempre desea estar a cargo de todo –todo lo que veo en mí y que me cuesta aceptar y con lo que me cuesta tratar. Sin embargo, cuando reconozco cuán similares somos, ¡no me molesta tanto!

En la terapia Gestalt ayudamos a las personas a que encuentren sus propias rupturas polares, a que las tengan, a que trabajen con ellas y a que formen parte de ellas en una forma consciente más equilibrada.

EJERCICIO

Elige a alguien que odies o que no te guste demasiado. ¿Qué es lo que odias o qué no te gusta demasiado de esa persona? ¿Tienes problemas para tratar con esa característica y para reconocerla en tu propia persona? Si es así, analízala con tu terapeuta. Él/ella te ayudará a poseerla y a integrarla.

7

Factores de cambio y otros conceptos de la Gestalt

En este capítulo, trataremos de más aspectos de la terapia Gestalt. Normalmente, y hablando en términos generales, lo que todos estos aspectos tienen en común es que el individuo es el único responsable de su propia vida. Estos aspectos son: experimentación; deberes; bloqueo y movimiento; responsabilidad, proposición y decisiones.

Experimentación. La terapia Gestalt a menudo se describe con las tres «es»: existencial, experiencial y experimental. De hecho, estos tres términos se solapan. Es decir, existir es experimentar, y experimentar (en mayor o menor grado) consiste en experimentar tu existencia de una forma nueva; además, experimentar de verdad es experimentar con tu existencia. En la terapia Gestalt, una parte significativa de la tarea del terapeuta y del paciente consiste en crear experimentos que, o promoverán la conciencia de éste sobre antiguos diseños fijos (formas de ser y de relacionar), o le proporcionarán una oportunidad de experimentar y evaluar una nueva forma de ser y de relacionar.

En contraposición con las terapias tradicionales a través del habla, la terapia Gestalt a menudo deja abierta la opción de experimentar de cualquier forma creativa que parezca útil. Así pues, un experimento terapéutico podría ser: decir sandeces, hacer pulsos, dibujar cosas, andar, abrazar, gritar «no», etcétera. El diseño de la terapia-experimento consiste en dejar que el experimento surja del contexto inmediato. Muchas de las anécdotas que ya se han presentado en capítulos anteriores consisten en dichos experimentos. Mencionemos otra:

Hay un maratón de parejas durante un fin de semana en el cual participo. Estoy aquí con la mujer que amo para trabajar en nuestra relación, pero ahora estoy centrado en mí mismo. De forma específica, me centro en mi desgana por el hecho de ser espontáneamente alegre. Se acaba el fin de semana; estoy relajado y al mismo tiempo cansado. El grupo está colocado formando un círculo y se escucha una especie de música griega. Tengo el impulso de levantarme y de bailar, pero siento vergüenza. Me insto a levantarme e intentarlo. Me resisto, me muevo un poco, me resisto más, la música casi se ha acabado, y yo estoy enfadado conmigo mismo por sentarme tercamente. «Espera», grito, y me levanto y bailo torpemente pero al mismo tiempo contento. Arrastro a mi pareja conmigo y celebro –celebramos, nosotros dos, y entonces cada persona agarra a alguien y de inmediato casi todo el mundo está bailando. Me siento muy complacido.

He aquí un ejercicio diseñado (por mí) para ayudarme a experimentar una forma diferente (de lo que normalmente hago) de ser y de relacionarme. Lo pensé yo mismo y lo descubrí a través de mi impulso de bailar, de mi timidez y de mi consecuente autoinsatisfacción. Aprendí algo. En tu terapia, tú y tu terapeuta probablemente inventaréis experimentos. Pueden ser grandes o pequeños –tan ínfimos como respirar profundamente y tan grandes como trasladarse a la India–, pero en cualquier caso te permitirán aprender alguna cosa.

Deberes. La terapia Gestalt a menudo incluye deberes. Del mismo modo que con los experimentos durante las sesiones, los deberes pueden proceder sólo del terapeuta o pueden crearse en cooperación con el paciente. Existen básicamente dos razones para hacer deberes. Primero, reunir datos para usarlos en la terapia; segundo, desarrollar nuevos talentos. Tomemos como ejemplo el hecho de imponerse. Supón que una persona está insatisfecha con su forma de imponerse. Podemos trabajarlo durante la sesión, y/o podríamos idear algunos deberes entre sesiones para descubrir más cosas sobre cómo se impone (o no), así como lo que él/ella siente durante el proceso.

Ejemplo: Joe quiere imponerse más. Le gusta ir de compras. De manera que nos ponemos de acuerdo en que cada vez que compre algo entre cada sesión intentará imponerse. En la siguiente sesión, vuelve decepcionado, ya que ha dejado que un vendedor de neumáticos le convenciera de una compra, cuando él pensaba que podía adquirir los mismos neumáticos más baratos en otro sitio. Al analizar y revivir esta escena descubre que: 1) está muy preocupado por su imagen en la tienda; y 2) le acechan antiguos recuerdos de infancia acerca de no imponerse. De modo que tenemos muchos datos con los que trabajar.

EJERCICIO

a. ¿En qué trabajas en estos momentos en la terapia? ¿Se apoya en los deberes, tanto para reunir datos como para desarrollar habilidades? Si es así, anota los deberes.

b. Llévalos a cabo cuando sea el momento apropiado. Describe el resultado.

c. ¿Qué has aprendido?

Bloqueo y movimiento. A menudo hay momentos durante la terapia –y en la vida misma– en los que nos sentimos bloqueados. O no estamos llegando a ninguna parte o avanzamos y retrocedemos: un día hacemos progresos o tomamos una decisión, y al siguiente de nuevo retrocedemos o cambiamos de idea. O tal vez estamos bloqueados porque no ocurre nada en la terapia: no hay sueños, no existen emociones fuertes, no hay cuestiones en las que podamos centrarnos. Y esto resulta frustrante y también pésimo.

Me gustaría disponer de la fórmula mágica para que pudieras salir de tu bloqueo. Y en cierto modo sí que la tengo: para salir del bloqueo hay que tener una actitud que te permita estar bien con el bloqueo. Un buen consejo es que permanezcas bloqueado. Sin embargo, puedes responder:

«Pero si ya estoy bloqueado. Bloqueado es quedarse bloqueado, ¿no lo entiendes?». No obstante, hay que destacar que quizás no has entendido bien mi consejo: debes mostrar interés por tu bloqueo, pasar tiempo pensando en él, analizarlo, creer en tu progreso natural, y cuando llegue el momento, en la energía (el tiempo) para trabajar con ahínco (soñar, sentir, centrarse, experimentar, arriesgar, entre otras cosas). Desata las cuerdas, despliega las velas y navega hacia aguas desconocidas, con valentía y también con miedo.

Estoy verdaderamente bloqueado. Mi chica quiere espacio –para explorarse a sí misma, para experimentar en la vida, para crecer, para aprender–. Un día le digo: «Sí, te apoyo». Pero al día siguiente le hago saber: «No me dejes solo» y discuto, suplico, razono, lloro –todas las argucias en las que puedo pensar para protegerme de mi pánico al abandono–. Un día particularmente malo –cuando he sido especialmente malo durante una pelea con ella y me he ganado su aceptación resignada y resentida de mi sórdida posición–, siento un dolor que me quema durante todo el día. Estoy emocionalmente exhausto por mi vacilación y por las discusiones. Voy al cine, visiono *Ghandi* y me centro en su egoísmo. Me levanto a las tres de la madrugada a causa de algún sueño doloroso sobre uno de mis hijos –empiezo a llorar a lágrima viva–, la llamo por su nombre, desesperadamente, suplicando, como un niño… como un niño… como un niño. Soy como un niño pequeño asustado por el hecho de que ha llegado un nuevo bebé. Me imagino agarrándome a mi madre: «Mami no me dejes. Quédate aquí. Tengo miedo de que nunca vuelvas». Me quedo dormido, exhausto. Al día siguiente vuelve el dolor, durante todo el día. Aquella noche ella viene a mi casa –distante, educada, resentida–. Hablamos, de forma íntima, aunque distante, honestamente. Ella quiere espacio, yo quiero cercanía. Por fin me doy cuenta de que para poder tener una oportunidad con la cercanía tengo que arriesgarme a los peligros del espacio. Estoy desbloqueado. Asustado, pero desbloqueado, y pronuncio las siguientes palabras: «Ve, ve, te quiero, te apoyo. Estaré aquí para ti cuando vuelvas ("mami, ve hacia tu nuevo bebé, disfrútalo, ansiaré tu vuelta –aunque tal vez también pueda aprender a amar a mi hermano pequeño")». Estoy desbloqueado –aún asustado, a veces solitario, pero en movimiento.

Ésta es la fórmula general, vaga pero clara. Pasa tiempo con el bloqueo, ya que aparecerán cosas nuevas. Úsalo, siéntelo, arriésgate.

Responsabilidad, proposición y decisiones. Éstos son tres grandes conceptos de la terapia Gestalt. Como están interrelacionados, hablaré de ellos al unísono. En primer lugar, tenemos el concepto de responsabilidad personal. Soy responsable de la calidad y la dirección de mi vida. Puedo intentar evitarlo a través de un lenguaje irresponsable (*véase* el capítulo 2) y de excusas, pero, en última instancia, debo entender que básicamente creo mi existencia, que mis acciones tienen un propósito y que mi conducta implica una serie de decisiones. No existe nada como «no hacer nada».

Q. ¿Qué hiciste hoy?
A. Nada.
Q. ¿Nada?
A. No, nada.
Q. Debes haber hecho algo.
A. No, nada; he estado todo el día en casa. He dormido mucho, he comido un poco y he visto la tele.
Q. Oh, ¿así que decidiste relajarte y descansar y ser perezoso?

A. Sí, bueno, supongo que se podría decir así.

Q. Se podría y lo hago. Decidiste dar respuesta a tu fatiga en vez de hacer cosas que te podrían haber renovado y refrescado. ¿Te va bien eso?

A. Sí. Ya.

La conversación anterior puede elaborarse para hacer referencia a casi cualquier aspecto de nuestras vidas, desde los más ínfimos (conversación superior) a los más importantes (la vida profesional, las relaciones interpersonales, etcétera). El propósito de la terapia —con todas sus preguntas y experimentos— es llevarla a cabo con conciencia para desarrollar una habilidad superior, así como el control sobre cualquier situación —excepto, por supuesto, que lo verdaderamente importante es la persona—. Es algo difícil de aceptar, pero soy quien soy porque elijo ser de esta forma, y si realmente quiero cambiar, es posible siempre y cuando esté dispuesto a trabajar con ahínco, gruñir, gemir, desesperarme, mentir y, finalmente, enfrentarme a mí mismo. Y si no actúo de este modo, siempre será mi elección. Nadie dijo que fuera fácil.

8

Dar sentido a todo

La palabra *Gestalt* significa completo,[7] y uno de los objetivos principales de la terapia es percibirse y sentirse uno mismo como si se tratara de un todo. En otras palabras, globalmente. ¿Cuál es la imagen completa que tienes de ti mismo? Esto requiere pensar y sentir mucho, así como una importante tarea de guía por parte del terapeuta. Juntos, buscamos el diseño esencial de tu existencia, los temas principales de tu vida, explorando juntos sus orígenes en la infancia (o después), su expresión en el presente y las formas en que pueden modificarse. Todas las técnicas y los conceptos previos pueden ser útiles en este análisis. Otro método que no hemos mencionado se conoce con el nombre de *decisiones tempranas*. No buscamos una decisión temprana, que se haya tomado en un momento dado (aunque, en algunas ocasiones, sí que lo hagamos). En su lugar usamos una licencia artística para crear decisiones tempranas.

Una de las decisiones tempranas que descubrí en mi terapia fue perseguir a mujeres que eran inalcanzables –o,

---

7 Mi vecino, durante el viaje a Minneapolis, me dijo que las palabras «completo» y «salud» en inglés estaban relacionadas a nivel lingüístico (1992).

como mínimo, muy difíciles de alcanzar–, ya sea porque ya tienen una relación con otro hombre, o porque poseen un objetivo en la vida que resulta incompatible con mi persona. Me aburría rápidamente con las mujeres que resultaban muy fáciles de alcanzar; si no existía algún tipo de desafío, perdía el interés. Mientras explorábamos mi infancia, descubrimos que una decisión temprana surgió a partir del desafío de mi relación con mi madre, hecho que surgió con el nacimiento de mi hermano cuando yo tenía sólo 14 meses. Expresé esta decisión temprana con el hecho de esforzarme por el amor de mi madre a través de la enfermedad, el mal comportamiento, etcétera. Es fácil ver tanto los aspectos positivos como negativos de esta decisión de dirigirse al desafío, aunque a veces ambos se solapan y yo suelo mostrarme confuso. Por ejemplo, ¿cuándo es saludable perseguir a alguien y cuando se llega al punto de que no vale la pena?

En tu propia terapia, haz hincapié en tu vida, para que los temas emerjan de ella. Este hecho, probablemente, no ocurrirá de inmediato, sino que suele aparecer gradualmente a través de tu trabajo. La práctica resultará de gran ayuda. No elimina la ansiedad o las situaciones difíciles, pero normalmente cambia la percepción de la catástrofe y el sentimiento de pánico, y hace que resulten unas percepciones más fáciles de manejar, de desilusión, así como sentimientos de dolor o tristeza. Estos temas están relacionados con tus relaciones con la gente y tu actitud frente a tu ambiente. De este modo, tratan el contacto, los sentimientos, el éxito, los objetivos, etcétera. Una vez que éstos y sus orígenes resulten más claros, las direcciones que conducen al cambio pueden ser determinadas y es posible avanzar. Todo ello precisa tiempo y no resulta nada fácil.

9

Salud holística y terapia

Mucha gente comienza la psicoterapia con una salud física mala –tienen sobrepeso; están constantemente estresados, con manifestaciones físicas tales como dolores de cabeza, acidez y otras dificultades de digestión, dolores de espalda, etcétera; manifiestan sufrir insomnio y están cansados; fuman mucho; beben; toman demasiada cafeína, etcétera. Su salud es mala, y estas alteraciones forman parte de su vida de una manera crónica, lo que con el tiempo puede implicar una enfermedad grave y una muerte prematura o discapacidad.

A menudo, durante la psicoterapia, el cliente querrá eliminar estos hábitos insalubres. Para algunas personas, esto puede resultar difícil y por lo general se progresará poco hasta el final de la terapia, momento en que el principal trabajo psicológico ya ha concluido.

Cuando empecé a practicar la psicoterapia, mi objetivo principal no era saber cómo el/la paciente vive su vida físicamente, a menos que él/ella desee trabajar sobre este particular. Mi actitud se aproximaba a la tendencia general entre los terapeutas del momento, y más específicamente se debía a que yo mismo no tenía unos hábitos demasiado saludables (sobrepeso, adicto al trabajo, tomaba demasiado alcohol, fumaba, etcétera). No podía dar consejos que yo mismo no practicaba.

Cuando cumplí cuarenta años estaba orgulloso de mi obesidad, mi tabaquismo y otras prácticas insalubres. Durante los últimos veintitrés años he aprendido formas de vida más saludables y he experimentando con ellas.

La salud holística es una expresión muy popular hoy en día y generalmente significa:

a. La salud física, mental y espiritual (moral, ética) están interrelacionadas.

b. Cada persona es responsable de su salud y es capaz de mejorarla y mantenerla.

c. Los métodos naturales de mantenimiento de la salud y los tratamientos naturales son mejores que los métodos químicos para curar enfermedades.

Entre los cambios que he realizado durante los últimos veintidós años se encuentran:

a. Incorporar el ejercicio (yoga, jogging, tenis, etcétera) a mi rutina diaria.

b. Perder 14 kg.

c. Dejar de fumar (completamente) y abandonar el consumo de cafeína y alcohol (en gran parte). Sigo siendo un adicto parcial al azúcar.

d. Hacerme vegetariano.

e. Aprender técnicas para reducir el estrés.

f. Tomar ciertas vitaminas y suplementos minerales.

g. Beber agua destilada cuando puedo.

h. Reducir mi trabajo semanal de unas 60 horas a unas 35 horas.

Estos cambios no resultaron fáciles ni se hicieron todos a la vez. Intenté dejar de fumar al menos media docena de veces hasta conseguirlo (por otro lado, dejé de comer carne roja sin dificultad o sin sentir privación). Algunas de estas prácticas requieren vigilancia constante por mi parte; por ejemplo, frecuentemente tengo que revisar mi volumen de trabajo y reducirlo –el número de horas por semana comienza a aumentar de nuevo, al mismo tiempo que mi dificultad para decir no o que impone la necesidad de poseer cosas y dinero.

Mi propia experiencia personal para vivir de manera más saludable me ha convencido del valor de potenciar una mejor salud entre mis pacientes –sólo si y cuando están receptivos–. Durante mucho tiempo he querido organizar un centro de salud holística, o una red en la que las personas que están en práctica en psicoterapia, quiropráctica, nutrición, masajes, yoga y ejercicio, meditación, etcétera, trabajaran juntas y estuvieran disponibles para los pacientes de unos y otros cuando fuera necesario. En un futuro no muy lejano creo que muchos psicoterapeutas practicarán en un ambiente holístico, o se relacionarán con otros profesionales.

Hoy en día dirijo a mis pacientes hacia otros profesionales de la salud y otros programas cuando considero que es necesario; asimismo, trabajo con ellos la salud cuando las barreras son psicológicas, como a menudo ocurre.

Por ejemplo, una persona que llamaremos Todd sufría bastante sobrepeso, estaba muy tenso, tenía dolores de cabeza, etcétera. Había seguido una terapia conmigo (individual, en grupo, en familia, en pareja, una maratón de fin de semana, etcétera) de forma intermitente durante diez años (hubo más momentos de pausa que de terapia, pero esta última duró bastantes años). En una ocasión volvió a la terapia a causa de un importante estado de ansiedad, de preocupación y de incapacidad para relajarse y de pasarlo bien. A lo largo de los últimos dos años, un punto básico en la terapia de Todd ha sido su salud física. Como ya he mencionado, tenía sobrepeso. Su dieta diaria incluía gran cantidad de comida basura y unas 8 tazas de café; hacía muy poco ejercicio aparte del que realizaba en su trabajo (que requería un poco de trabajo físico) y tenía reacciones adversas al alcohol, tanto de inmediato como al día siguiente. Durante la terapia prestamos mucha atención a sus hábitos de salud. Como resultado, dejó de tomar café (a pesar de un síndrome de abstinencia que duró unas 2-3 semanas), redujo la cantidad de alcohol y después su consumo, empezó un programa regular en un gimnasio y comenzó a prestar atención al equilibrio nutricional y al consumo de calorías. El resultado incluyó la pérdida de peso, menos nerviosismo, una mejora del tono corporal y un sentimiento gratificante que le proporcionaba el hecho de controlar su propia vida. Esta rutina requería ir y venir constantemente de su sistema de vida actual y sus orígenes de la infancia. Por ejemplo, Todd creció en el seno de una familia en la que se acumulaba la comida y, durante la hora de comer, se racionaba. Como adulto, aunque su economía no era mala, comía demasiado a causa del estrés, como si los alimentos aún escaseasen. Esta forma de oscilar de delante hacia atrás le permitía ver cómo habían surgido sus costumbres. Gradualmente fue capaz de dejar las costumbres anteriores, de dejar aquellas luchas de la infancia y de vivir en el presente.

Otro aspecto sobre la salud está relacionado con el estrés. Se sabe que el ritmo de la vida moderna es muy estresante, aunque relativamente poca gente se enfrenta a este hecho. Para las personas que están atrapadas en la competitividad feroz de la vida moderna, creo que es crítico trabajar este aspecto, tanto en términos de observar la contribución personal como para aprender a reducir el estrés. Con contribución personal quiero decir las excesivas necesidades de éxito y de aprobación de muchas personas, y que tienen como consecuencia un exceso de trabajo. Con reducción del estrés me refiero a la planificación sana de la vida (con suficiente ocio y relajación), así como a usar técnicas específicas, como una profunda relajación, meditación, autohipnosis, etcétera. Por supuesto, no todos los terapeutas conocen o están interesados en estas cosas (hay demasiados que están involucrados en el ambiente de competitividad), pero puedes estudiarlas con tu terapeuta y encontrar otros recursos, si es necesario, como centros de salud holística, etcétera.

Sugerencia: controla tus hábitos ahora y valora si necesitas trabajar algunos de ellos con tu terapeuta:

¿Cómo vas con tu peso?

¿Y con el sueño?

¿Y con la energía?

¿Tienes alguna adicción?

¿Diseños de ejercicio?

¿Esfuerzos para reducir el estrés?

¿Planificación del trabajo?

10

Conciencia superior

Durante los últimos años, algunos psicoterapeutas han ampliado su ámbito de acción para que incluya el «alma», así como la mente y las emociones, de la misma forma en que se ha incluido el cuerpo en la nutrición y el ejercicio, etcétera. Este movimiento en psicoterapia algunos lo denominan *psicoterapia transpersonal*, mientras que para otros es *preocupación por la conciencia superior*. Es decir, esta acción de centrarse va más allá de la conciencia de uno mismo y de las relaciones interpersonales con la conciencia de cuestiones que se solapan en lo religioso. La terapia, entonces, incluye una preocupación por conceptos y experiencias como el fenómeno psíquico llamado P.E.S. (percepciones extrasensoriales), ser uno con el universo, la reencarnación, etcétera. Por supuesto, para muchos estos conceptos son estúpidos y extravagantes, y algunos terapeutas consideran que estos intereses son ridículos, estrafalarios e inapropiados para los profesionales de la psicoterapia. Obviamente, al menos para mí, no hay una verdad definitiva; a cada uno le corresponden sus propias creencias.

Por mi parte, estoy abierto a ayudar a las personas para explorar ese aspecto de sí mismas, incluso aunque no comparta sus mismas creencias. No considero que un terapeuta tenga que creer en todas las aspiraciones de un paciente para poder ayudarle con ellas. Por ejemplo, yo me opongo a correr maratones, pero he trabajado para apoyar a algunas personas que están a favor de ello.

En lo que se refiere a la conciencia superior y a los valores espirituales, trabajaré junto a un paciente en estas áreas o haré referencia a ellas a los demás, si esto resulta útil para sus habilidades y su pericia.

Por ejemplo, últimamente, una persona estaba preocupada por un familiar que había fallecido hacía poco tiempo. Como ella creía en la vida después de la muerte y en la comunicación entre los vivos y los muertos, para ayudarla con esto, la envié a alguien con poderes psíquicos que afirma poseer la habilidad de contactar con los muertos. La sesión con el psíquico fue gratificante y se grabó. Escuché la grabación, y aunque soy escéptico, no tuve ningún problema en hablar de la experiencia y en ayudar a mi paciente a usarla para conseguir cercanía e integración.

La meditación es una práctica que está en el límite de la ciencia y de la espiritualidad. Desde el punto de vista científico, la meditación se ha investigado mucho y hay distintas pruebas que muestran que estimula la relajación, que reduce la tensión y que conduce a una perspectiva de la vida más amplia. Desde el punto de vista espiritual, los partidarios afirman que la práctica constante de la meditación puede llevar a la iluminación y a una conciencia mayor de la relación de uno mismo con el universo. A menudo, recomiendo la meditación y, desde luego, creo en sus beneficios «científicos», por lo que me mantengo abierto a la posibilidad de sus beneficios «espirituales».

Otras prácticas relacionadas con la conciencia superior incluyen el ayuno, los retiros en silencio y los estados de trance. Aunque no sean comúnmente apoyados y recomendados por los terapeutas de la Gestalt con propósitos espirituales, también pueden encontrarse en esta terapia.

Apéndice A

Modalidades terapéuticas

Los terapeutas de Gestalt practican una serie de técnicas. Éstas se mencionan y describen a continuación, en el orden de su frecuencia:

1. **Terapia individual (también llamada cara a cara)**
   El paciente y el terapeuta trabajan juntos, normalmente una o dos veces por semana, durante 45 o 50 minutos en cada sesión.

2. **Terapia de grupo**
   Es muy popular en la terapia Gestalt. Las sesiones duran desde hora y media hasta dos horas y media, y en ellas hay cierto número de pacientes –tal vez desde cinco hasta doce–. A veces hay dos terapeutas. La terapia de grupo es útil para conseguir intensidad, conciencia de los problemas de otra gente y la oportunidad de experimentación social. A veces las reglas básicas del grupo nos fuerzan a tratar sólo los hechos que ocurren «aquí y ahora» dentro del grupo. Algunos miembros se resisten a este enfoque, ya que se precisa mucha interacción en el seno del grupo

y puede asustar. Aunque, para mí, este procedimiento tiene gran valor justamente a causa de este enfoque e intensidad. Otras veces, los líderes del grupo permiten a los miembros sacar cualquier tema que les preocupe, como el trabajo, el matrimonio, un acontecimiento del pasado, etcétera, y que lo trabajen a partir de ahí. La mayoría de los grupos combinan ambos enfoques –trabajar tanto con los eventos del «aquí y ahora» como con los externos.

Originalmente, un grupo de terapia Gestalt era, en realidad, una terapia individual que se practicaba en público, es decir, el líder solicitaba un voluntario y trabajaba con él cara a cara, usando ocasionalmente al grupo para que éste hiciera comentarios o experimentara. Hoy en día es más común que el líder preste atención a las interacciones en el seno del grupo y su dinámica, aunque algunos terapeutas de la Gestalt siguen usando el procedimiento antiguo.

3. Terapia de parejas (o matrimonial)
El terapeuta (en ocasiones dos terapeutas) se reúne con una pareja casada y/o que simplemente mantiene una relación para poder centrarse en ella y mejorarla (aunque no necesariamente para que continúe –a veces es preferible concluir una relación)–. Ésta es una experiencia muy intensa que yo, por ejemplo, siempre considero un gran desafío.

4. Maratones (o grandes grupos)
Uno o más terapeutas (frecuentemente dos) se reúnen con un número de personas (de seis a veinte, y normalmente de diez a quince) durante un largo período de tiempo (un día, una noche, un fin de semana, ocasionalmente una semana o dos). Esto es excelente para con-

seguir avanzar. Un amplio período de tiempo ofrece la oportunidad de desarrollar las situaciones y de formular distintas soluciones. A menudo, las pausas dentro del programa planificado proporcionan la oportunidad de probar nuevas actitudes y concienciarse acerca de antiguos e indeseables procedimientos.

5. Terapia de familia

Es la modalidad más reciente y actualmente resulta bastante popular. Obviamente, el propósito es trabajar los problemas en el seno de la familia. Cuando se practica de una forma puramente de la Gestalt, la familia se trata esencialmente como un grupo (*véase* punto 2), excepto que éste se vaya a casa junto, por lo que dispone de un tiempo de pausa con todas las oportunidades que ofrece para la conciencia, para adquirir riesgos y para experimentar.

Apéndice B

Lecturas comentadas

1. Libros generales no técnicos

a. *No empujes el río*, de Barry Stevens, Editorial Sirio, Málaga, 1989.* Se trata de un estudio fascinante en primera persona de su entrada en el mundo de la Gestalt, su relación con Fritz Perls y su crecimiento como persona y como terapeuta.

b. *Opening Doors*, de Dan Rosenthal, Harper & Row, Nueva York, 1975. Es la descripción de su propia terapia y de cómo practica las terapias individuales y en grupo. Es interesante y está bien escrito, pero no constituye una introducción sistemática para el principiante.

c. *El riesgo de vivir*, de James Oldham, Tony Key e Igor Yaro Strah, San Sebastián, 1992. Tiene una introducción excelente; este libro está dirigido al practicante novel, pero es muy difícil de conseguir.

---

* Disponible en formato de bolsillo.

2. Libros semitécnicos

a. *Dentro y fuera del tarro de la basura,* de Fritz Perls, 4 Vientos, Santiago de Chile, 1998.* Una mezcla autobiográfica laberíntica y creativa escrita por el principal creador de la terapia Gestalt. Es fascinante.

b. *Gestalt Therapy Verbatim.* Un trabajo de ensueño con profesionales como Fritz Perls, Real People Press, Moab, Utah, 1972.*

c. *Awareness,* de John Stevens, Real People Press, Moab, Utah, 1972.* Un libro editado por el hijo de Barry Steven que gira en torno a interesantes artículos sobre varios métodos de conciencia.

d. *Focusing,* de Eugene Gendlin, Bantam Books, Nueva York, 1981.* Guía muy útil para desarrollar la conciencia, que utiliza un procedimiento en tres pasos: sensación, sentimiento y actividad mental.

3. Libros profesionales

a. *Gestalt Therapy Now,* editado por Joe Fagan e Irma Lee Shepherd, Harper Colophon (Harper & Row), Nueva York, 1971.* Una buena primera edición de un libro que reúne artículos sobre la teoría y la práctica de la terapia Gestalt.

b. *Handbook of Gestalt Therapy,* editado por C. Hatcher y P. Himelstein, Jason Aronson, Nueva York, 1976. El libro es más comprensible que *Gestalt Therapy Now.*

---

* Disponible en formato de bolsillo.

c. *Gifts from lake Cowichan*, de Patricia Baumgarden, Science and Behavior Books, Palo Alto, Ca., 1975. Mi sumario favorito de la teoría de la terapia Gestalt. La segunda parte del libro consiste en algunas transcripciones del trabajo realizado por Fritz Perls con profesionales –trabajo individual, trabajo de parejas y trabajo con los sueños–. Alguno de los fragmentos se encuentran también en películas que, a veces, tienen secuencias de sonido imperfectas por lo que las transcripciones son muy útiles.

d. *Ego, Hunger and Aggression*, de Fritz Perls, Vintage Press, Nueva York, 1969. Su primer libro, con muchas de las semillas de la terapia Gestalt. Muy rígido, formal y complicado, aunque es una lectura obligatoria para un estudiante serio de la Gestalt.

e. *Terapia Gestalt*, de Fritz Perls, Ralph Hefferline y Paul Goodman, El Ferrol, 2002.* La biblia de la terapia Gestalt, la primera y aún mejor exposición de la teoría de esta terapia. La primera parte es más ligera y más experimental; la segunda es muy teórica, a veces muy densa y está escrita de una manera nada clara, aunque se trata de una joya en lo referente a conceptos que deben leerse, releerse, descifrarse y estudiarse. Todo está en este libro –los otros esencialmente lo traducen, explican, clarifican y aplican.

f. *The Gestalt Approach and Eyewitness to Therapy*, de Fritz Perls, Science & Behavior Books, Ben Lomond, Ca., 1972.* Dos libros en uno; el primero es una pre-

---

* Disponible en formato de bolsillo.

sentación monosistemática de la teoría de la terapia Gestalt, y el segundo consiste en más transcripciones. Vale la pena, especialmente el capítulo que trata de la frustración.

g. *Gestalt Therapy Integrated*, de Irving y Miriam Polster, Brunner/Mazel Publishers, Nueva York, 1973.* Éste es el primer texto (y sigue siendo el mejor), organizado de manera exhaustiva y que sistematiza la terapia Gestalt. Aunque está escrito de una manera demasiado formal y rígida, es muy exacto y completo, con la excepción del capítulo sobre la terapia de grupo, que es bastante inadecuado.

h. *Creative Process in Gestalt Therapy*, de Joseph Zinker, Brunner/Mazel, Nueva York, 1979.* Es un buen libro, interesante y atractivo, que describe tanto la terapia de grupo como la individual, de forma excitante, personal e innovadora.

i. *Beyond the Hot Seat: Gestalt Approaches to Group*, de Bud Feder y Ruth Ronall (editores), Brunner/Mazel, Nueva York, 1980.** El primer libro sobre la terapia de grupo Gestalt, con secciones sobre la teoría, la práctica y las aplicaciones a la comunidad.

j. *Gestalt Therapy: Theory and Practice*, de Korb, Gorell & Van Derrite; Allyn & Bacon, Boston, 1989.* El mejor libro técnico para estudiantes y principiantes.

---

* Disponible en formato de bolsillo.
** También disponible en alemán.

Apéndice C

Encontrar a un terapeuta Gestalt

1. Institutos locales: muchas grandes ciudades tienen institutos de terapia Gestalt que aparecen en las guías telefónicas. Normalmente tienen información y servicios de referencia. A veces poseen su propia clínica.

2. Sociedades profesionales locales: los grupos profesionales tienen servicios de referencia e información y podrían recomendarte a un terapeuta de la Gestalt.

3. Consulta a terapeutas locales, clínicas, asociaciones de salud mental, etcétera.

Empresas destacadas de Terapia Gestalt:

- **Terapia Humanista | Terapia Gestalt**
  Teléfono: 644 476 267
  Terapia Gestalt, terapia transpersonal y psicología clínica. Acompañamiento profundo al sentido de la vida.
  C/ Especerías 5 bis, 4.ª planta - 29005 MÁLAGA

- **Psicoterapia en Zaragoza | Psicólogos**
  Teléfono: 626 867 979
  Psicóloga psicoterapeuta en Gestalt Aragón
  Avda. Tenor Fleta, 24 - 50007 ZARAGOZA

- **Centro SYAM | Taichí, yoga**
  Teléfono: 696 462 135
  Centro de terapias naturales y formación en terapia Gestalt.
  Avda. Ana de Viya 17, Local 3 - 11009 CÁDIZ

- **IZKALI. Gestalt | Centro terapéutico**
  Teléfono: 943 428 228
  Centro terapéutico - Escuela de Formación
  Avda. Libertad, 32, entlo - 20004
  SAN SEBASTIÁN - GUIPÚZCOA

- **Contradanza. Lourdes Serra Salomón|
  Terapia Gestalt**
  Teléfono: 954 113 629
  Psicoterapia Gestalt, corporal. Terapia individual y de grupo, talleres, movimiento, expresión, creatividad y crecimiento personal.
  Ur Jardín-2, 12 - 41807 ESPARTINAS - SEVILLA

- **Jesús Córdoba | Terapeutas - Terapia Gestalt**
  Teléfono: 609 066 158
  Terapeuta de la Gestalt. Terapia individual.
  Madrid - 28010 MADRID

- **Afra. Escuela de Psicoterapia Gestalt de Huelva |
  Terapia Gestalt**
  Teléfono: 654 839 064

- **Centro de Fisioterapia**
  Teléfono: 964 511 720
  Centro de fisioterapia, medicina energética y técnicas cuerpo-mente.
  Avda. Llombai 12 - 12530
  BURRIANA - CASTELLÓN

- **Psicóloga - Carmen Luzón Alfonso**
  Teléfono: 669 721 495
  Psicóloga colegiada. Master universitario en técnicas gestálticas. Diplomada en constelaciones familiares por Tiiu Bolzmann (Instituto Bert Hellinger Argentina), Angélica Olvera (Cudec, México) y Rakasa Lucero. Sanación de trauma, por Rakasa Lucero. Especialista universitaria en salud mental. Terapia de grupo: modelo del análisis transaccional. Terapia de contención.
  C/ Sagasta, 33 - 30005 - MURCIA

- **Reiki - Terapia ancestral y natural de armonización | terapia natural - Terapia Gestalt**
  Teléfono: 963 389 859
  Reiki, actúa a nivel físico, emocional y mental de cada individuo, logrando que se inicie el proceso natural de curación.
  Grupo San José Obrero 7, 1.º, 4.ª,
  ALBORAYA - VALENCIA - 46120

- **Institut Gestalt**
  Psicoterapia, comunicación y relaciones humanas
  C/ Verdi, 94
  08012 BARCELONA
  Teléfono: 932 372 815
  www.institutgestalt.com

- **Escuela de Psicoterapia Gestalt**
  Urb. Costa Canela, 85. Barriada de Canela
  21400 Ayamonte - Huelva

Índice